[ANN]ÉE N° 2. — Mars-Avril

REVUE DE DROIT INTERNATIONAL PRIVÉ ET DE DROIT PÉNAL INTERNATIONAL

PUBLIÉE PAR
A. DARRAS
CHARGÉ DE CONFÉRENCES A LA FACULTÉ DE DROIT DE PARIS
ASSOCIÉ DE L'INSTITUT DE DROIT INTERNATIONAL
RÉDACTEUR EN CHEF

SOUS LE PATRONAGE DE MM.

A. LAINÉ Professeur à la Faculté de droit de Paris
A. WEISS Professeur à la Faculté de droit de Paris
F. DESPAGNET Professeur à la Faculté de droit de Bordeaux
A. PILLET Professeur à la Faculté de droit de Paris
E. AUDINET Professeur à la Faculté de droit d'Aix
E. BARTIN Professeur à la Faculté de droit de Paris

avec la collaboration de jurisconsultes, magistrats et professeurs, français et étrangers

Secrétaire de la rédaction : **P. GOULÉ,** Docteur en droit, ancien magistrat

EXTRAIT

LES ÉTRANGERS AU VÉNÉZUÉLA

PAR

FERNAND DAGUIN
AVOCAT A LA COUR D'APPEL DE PARIS
SECRÉTAIRE GÉNÉRAL DE LA SOCIÉTÉ DE LÉGISLATION COMPARÉE
Membre honoraire de l'Académie de jurisprudence de Mérida

LIBRAIRIE
DE LA SOCIÉTÉ DU RECUEIL J.-B. SIREY & DU JOURNAL DU PALAIS
Ancienne Maison L. LAROSE et FORCEL
22, rue Soufflot, PARIS, 5e Arr.
L. LAROSE et L. TENIN, Directeurs

1905

LISTE DES COLLABORATEURS

La Revue est publiée sous le patronage de

MM.

LAINÉ (A.), Professeur à la Faculté de droit de Paris.

WEISS (A.), Professeur à la Faculté de droit de Paris.

DESPAGNET (F.), Professeur à la Faculté de droit de Bordeaux.

PILLET (A.), Professeur à la Faculté de droit de Paris.

AUDINET (E.), Professeur à la Faculté de droit d'Aix.

BARTIN (E.), Professeur à la Faculté de droit de Paris.

et avec le concours ou la collaboration de

MM.

ALLART (H.), Avocat à la cour d'appel de Paris.

APPERT (G.), Ancien professeur à la Faculté de droit de Tokio, chargé de conférences à la Faculté de droit de Paris.

ARMINJON (P.), Professeur à l'École khédiviale de droit du Caire.

AUBRY (J.), Professeur à la Faculté de droit de Rennes.

BASDEVANT (J.), Chargé de Cours à la Faculté de droit de Rennes.

BERNARD (M.), Professeur agrégé à la Faculté de droit de Grenoble.

BLANCHARD (G.), Professeur à l'Ecole française de droit du Caire.

BLONDEL, Avocat général à la cour d'appel de Paris.

BUZZATI (J.-C.), Professeur à l'Université de Pavie.

CARPENTIER (A.), Agrégé des Facultés de droit, avocat à la cour d'appel de Paris.

CAUWÈS (P.), Professeur à la Faculté de droit de Paris.

CHAMPEAU (E.), Professeur à la Faculté de droit de l'Université de Bogota (Colombie).

COHENDY (E.), Professeur à la Faculté de droit de Lyon.

COMBOTHECRA, Avocat à Genève.

DAGUIN (F.), Avocat à la Cour d'appel de Paris, Secrétaire général de la Société de législation comparée.

DAUKÉ (H.), Conseiller au Bureau général de législation à Tokio (Japon).

DE BOISLISLE (G.), Président de chambre à la cour d'appel de Paris.

DE LALANDE (H.), Avocat à la Cour de cassation et au Conseil d'Etat.

DE LAPRADELLE (A.), Professeur à la Faculté de droit de Grenoble, Directeur du *Recueil des arbitrages internationaux*.

DE ROLLAND (H.), Président du tribunal supérieur de Monaco.

DESCAMPS (baron), Secrétaire général de l'Institut de droit international.

DE VALICOURT (Ch.), Consul de France à Valence (Espagne).

DITTE (M.), Juge au tribunal civil de Melun.

MM.

DJUVARA (T.-G.), Ministre plénipotentiaire, délégué de la Roumanie à la Commission européenne du Danube.

DREYFUS (G.), Docteur en droit.

DUPUIS (Ch.), Secrétaire général et professeur à l'École des sciences politiques.

DUQUESNE (J.), Professeur à la Faculté de droit de Grenoble.

FALCIMAIGNE (Ch.), Conseiller à la Cour de cassation (France).

FARDIS (G.), Directeur des *Archives diplomatiques*.

FAUCHILLE (P.), Directeur de la *Revue générale de droit international public*.

FREY-GODET, Secrétaire du Bureau international de la propriété industrielle à Berne.

FROMAGEOT (H.), Avocat à la cour d'appel de Paris.

FULD, Rechtsanwalt à Mayence.

GARÇON (E.), Professeur à la Faculté de droit de Paris.

GAUDEMET (E.), Professeur à la Faculté de droit de Dijon.

GJELSVIK, Jurisconsulte du comité Nobel norvégien, Professeur adjoint à l'Université de Christiania.

GOVARE (P.), Avocat à la cour d'appel de Paris.

HAYEM (H.), Licencié en droit.

HERBAUX (J.), Conseiller à la Cour de cassation (France).

HÉRON DE VILLEFOSSE (E.), Sous-chef de bureau au Ministère de la justice (France).

JORDAN (C.), Consul de France à Mons (Belgique).

KEBEDGY (M.), Professeur à l'Université de Berne.

LEBOUCQ (P.), Rédacteur au ministère de la Justice (France).

LENOBLE (H.), Avocat à la cour d'appel de Paris.

LE POITTEVIN (A.), Professeur à la Faculté de droit de Paris.

LE POITTEVIN (G.), Juge d'instruction près le tribunal de la Seine.

Hommage de l'auteur
F. Daguin

LES ÉTRANGERS

AU

VÉNÉZUÉLA

PAR

FERNAND DAGUIN

AVOCAT A LA COUR D'APPEL DE PARIS
SECRÉTAIRE GÉNÉRAL DE LA SOCIÉTÉ DE LÉGISLATION COMPARÉE
Membre honoraire de l'Académie de jurisprudence de Mérida

LIBRAIRIE
DE LA SOCIÉTÉ DU RECUEIL J.-B. SIREY & DU JOURNAL DU PALAIS
Ancienne Maison L. LAROSE et FORCEL
22, *rue Soufflot, PARIS*, 5e *arrond.*

L. LAROSE et L. TENIN, Directeurs

1905

LES
ÉTRANGERS AU VÉNÉZUÉLA

Par FERNAND DAGUIN,
Avocat à la Cour d'appel de Paris,
Secrétaire général de la Société de législation comparée,
Membre honoraire de l'Académie de jurisprudence de Mérida.

Le Vénézuéla, avec une superficie égale à près du triple de celle de la France, ne renferme qu'une population de deux millions et demi d'habitants environ(1). C'est assez dire que d'immenses espaces inhabités et, partant, propres à la colonisation, sont encore à la disposition des émigrants européens et américains. Comme, d'autre part, le sol est d'une extrême fertilité et riche en produits naturels, végétaux et minéraux(2), il n'est pas surprenant que le pays ait attiré et attire journellement encore de nombreux étrangers, parmi ceux-ci, malheureusement, beaucoup trop d'aventuriers. Le Gouvernement vénézuélien a jugé de son devoir de prévenir l'invasion du territoire par des gens sans aveu ou dépourvus de ressources suffisantes, capables de lui créer des embarras, à l'intérieur, ou de lui susciter des difficultés, à l'extérieur, sans profit véritable pour la nation. C'est ce qui explique et ce qui justifie les mesures relativement rigoureuses qui ont été prises pour empêcher l'afflux trop grand d'étrangers inutiles ou dangereux; ces mesures vont être précisées au cours de la présente étude.

Rappelons, tout d'abord, que la forme du Gouvernement est républicaine et fédérative. Aux termes de l'article 3 de la Constitution actuellement en vigueur (Constitution promulguée le 27 avr. 1904), les États-Unis du Vénézuéla se composent de treize États autonomes et indépendants, auxquels il faut ajouter un district

(1) Voir le rapport présenté à la Chambre des députés, le 6 févr. 1903, par M. Jules Siegfried (*Archives diplomatiques*, 43e année, nos 7-8, juillet-août 1903, p. 29).

(2) E. Reclus, *Nouvelle géographie universelle*, t. 18, *Amérique du Sud* (*Régions Andines*), p. 195, 198, 202, 204.

fédéral et cinq territoires fédéraux. La situation des étrangers dans la Confédération a été, en partie, réglée par la Constitution même, en partie abandonnée aux dispositions de la législation fédérale (1). Il en était ainsi déjà sous l'empire de la Constitution précédente, du 29 mars 1901.

La loi de l'Union qui détermine les droits et les devoirs des étrangers a été promulguée, le 16 avril 1903 (2), et n'a pas été modifiée depuis lors.

I. Distinction entre les différentes catégories d'étrangers. — Au point de vue de leur admission dans le pays, des obligations qui leur incombent et des droits qui leur sont reconnus, les étrangers peuvent se ranger en trois catégories : 1° les immigrants; 2° les étrangers domiciliés; 3° les étrangers de passage.

Les immigrants, au vrai sens du mot, sont les étrangers qui abandonnent leur patrie pour venir se fixer au Vénézuéla, et dont le voyage, depuis le port d'embarquement jusqu'au port de débarquement dans le pays, est payé par le Gouvernement fédéral ou par celui d'un des États de l'Union. On assimile à cette première classe d'immigrants les étrangers qui, sans voyager aux frais de l'État, ont manifesté volontairement, avant de s'embarquer, devant l'agent d'information ou, à défaut de celui-ci, devant le consul du Vénézuéla, l'intention de participer aux avantages offerts comme prime à l'immigration, et pris l'engagement de se soumettre à toutes les obligations qui découlent de cette participation (Loi du 26 août 1894 sur l'immigration, art. 6) (3).

Parmi les étrangers qui émigrent au Vénézuéla, il en est qui s'y transportent sans être liés par aucun contrat, et qui cherchent uniquement à s'y créer une position. D'autres, les plus nombreux, souscrivent des engagements, soit avec le Gouvernement fédéral, soit avec le Gouvernement d'un État, soit enfin avec des sociétés, des compagnies ou des particuliers. Des émigrants avec contrat, les uns traitent avec la Confédération en vue de coloniser, sous le contrôle direct de l'administration, des terrains inoccupés (*terrenos baldios*) ou des terrains achetés à des particuliers; d'autres n'ont point en vue la colonisation; un troisième groupe se propose de mettre en valeur, pour le compte de particuliers, des

(1) Constitution de 1904, art. 13.
(2) *Gaceta oficial* du 17 avr. 1903.
(3) Loi réimprimée dans la *Gaceta oficial* du 18 août 1904.

terrains inoccupés ou des terres dépendant d'un domaine privé (*Ibid.*, art. 7).

On désigne sous le nom d'étrangers domiciliés : 1° ceux qui ont acquis un domicile au Vénézuéla, conformément aux dispositions du Code civil (1); 2° ceux qui y ont résidé volontairement et sans interruption pendant plus de deux années (il est fait une exception, toutefois, pour les agents diplomatiques ou consulaires); 3° ceux qui sont propriétaires de biens-fonds dans le pays, qui y vivent et qui y possèdent une résidence fixe; 4° ceux qui justifient d'une résidence sur le territoire de la République de deux années au moins, pendant lesquelles ils ont exercé un commerce ou une industrie quelconque, avec une maison établie d'une manière permanente, encore qu'ils aient été investis de fonctions consulaires (Loi du 16 avr. 1903, art. 3).

Les voyageurs venant de l'extérieur et ne se trouvant dans aucun des cas qui viennent d'être énumérés sont qualifiés d'étrangers de passage (*transeuntes*) (Loi du 16 avr. 1903, art. 4).

II. Admission dans le pays. — Les étrangers désireux de fixer leur domicile au Vénézuéla et les étrangers de passage, à l'exception de ceux qui sont revêtus d'un caractère diplomatique, sont astreints à une déclaration, qu'ils doivent faire devant la plus haute autorité civile de la première localité qu'ils rencontrent après avoir franchi la frontière; par cette déclaration, ils s'engagent à se soumettre entièrement aux dispositions de la loi du 16 avr. 1903 concernant les devoirs et les droits des étrangers, ainsi qu'au décret du 14 févr. 1873, qui a arrêté les règles de compétence et de procédure applicables au jugement des réclamations que les particuliers ont à faire valoir contre la Nation (Loi du 16 avr. 1903, art. 12). L'autorité qui reçoit la déclaration la consigne dans un acte dressé sans frais, qu'elle transmet, en original, au ministère de l'Intérieur (*Ibid.*, art. 13).

(1) Le domicile d'une personne est au lieu où elle a le siège principal de ses affaires et de ses intérêts (Code civil du 9 avr. 1904, art. 20). Le changement de domicile résulte du fait d'habiter réellement dans un autre lieu que celui où l'on était établi précédemment, joint à l'intention d'y fixer le siège principal de ses affaires et de ses intérêts. Cette intention peut se manifester par des déclarations faites à la municipalité du lieu que l'on quitte et à celle du lieu où l'on se fixe. A défaut, elle s'induit des circonstances (*Ibid.*, art. 21). La simple résidence tient lieu de domicile aux personnes qui n'en ont pas de déterminé (*Ibid.*, art. 22).

Un décret du 28 mai 1902 prescrivait aux étrangers de toute catégorie de remettre à l'administrateur des douanes du port de débarquement une déclaration, appuyée de pièces justificatives, et indiquant : 1° leurs nom et prénoms, et ceux de leur père; 2° leur nationalité; 3° le lieu et la date de leur naissance; 4° le lieu de leur dernier domicile; 5° leur profession et leurs moyens d'existence; 6° le nom, l'âge et la nationalité de leur femme, s'ils étaient mariés et que leur femme les accompagnât; 7° le nom, l'âge et la nationalité de leurs enfants mineurs, s'ils les amenaient avec eux (Décret, art. 1er). L'étranger qui n'avait pas entre les mains des documents propres à appuyer sa déclaration pouvait les suppléer par le témoignage de personnes de sa connaissance, dignes de foi (*Ibid.*, art. 3). L'administrateur des douanes avait pour devoir de porter télégraphiquement à la connaissance du Pouvoir exécutif fédéral la teneur des déclarations qui lui étaient faites, comme aussi de lui signaler, également par la voie télégraphique, les étrangers qui avaient omis de faire la déclaration prescrite (*Ibid.*, art. 2)(1).

Bien que le décret de 1902 n'ait pas été abrogé explicitement par la loi de 1903, il semble résulter de renseignements puisés à bonne source qu'il a cessé d'être appliqué.

D'ailleurs, indépendamment de la déclaration qui leur est imposée, les étrangers qui veulent fixer leur domicile dans l'intérieur de la République sont tenus de présenter à l'autorité civile qui reçoit celle-ci un certificat de bonnes vie et mœurs délivré par les autorités de leur dernier domicile et dûment légalisé (Loi de 1903, art. 20)(2).

A l'égard des immigrants proprement dits, on se montre plus exigeant encore. On ne les autorise à passer des contrats en vue de leur établissement dans le pays, et l'on n'admet à s'y fixer ceux qui n'ont souscrit aucun engagement, qu'autant qu'ils présentent toutes les garanties désirables, au point de vue de la santé

(1) Par mesure transitoire, les étrangers établis au Vénézuéla antérieurement au 28 mai 1902 et postérieurement au 23 octobre 1899 ont été astreints à faire la déclaration exigée des nouveaux arrivants; suivant que le lieu de leur résidence s'est trouvé être dans le district fédéral, dans la capitale d'un des États ou dans une localité autre qu'une capitale d'État, ils ont été appelés à faire cette déclaration entre les mains, soit du gouverneur du district fédéral, soit du Président de l'État, soit enfin du fonctionnaire administratif représentant ce dernier.

(2) Sur l'application de l'article 20, V. Circulaire de la Chancellerie fédérale suisse du 1er décembre 1904 à toutes les Chancelleries d'État cantonales (*Archives diplomatiques*, 3e série, t. 93, 1905, n° 1, p. 122).

et de la moralité (Loi du 26 août 1894, art. 4). Au surplus, on n'accepte comme immigrant aucun individu originaire des Antilles et aucune personne âgée de plus de soixante ans, quelle que soit son origine, à moins qu'il ne s'agisse d'un père ou d'une mère accompagnant sa famille (*Ibid.*, art. 3).

Le Gouvernement fédéral peut refuser l'accès du pays aux étrangers voués spécialement au service d'un culte ou d'une religion, sans distinction de rang ni de qualité (Constitution de 1904, art. 80-23°). En cas de guerre avec une nation étrangère ou de soulèvement intérieur, il a pleins pouvoirs pour expulser les sujets d'autres États, même domiciliés, lorsque leur présence peut faire obstacle à la conclusion de la paix ou au rétablissement de l'ordre public (*Ibid.*, art. 80-8°, C).

III. Droits des étrangers. — Les étrangers domiciliés jouissent des mêmes droits civils que les nationaux, sauf les exceptions qui peuvent être établies par la loi (Loi de 1903, art. 1er; Code civil, art. 17)(1), ce qui n'empêche pas leur état et leur capacité juridiques d'être régis par la loi de leur pays, conformément aux principes du droit international.

L'étranger qui veut contracter mariage peut le faire en recourant, soit à son consul, soit au fonctionnaire public compétent; mais l'autorité consulaire ou locale doit refuser son concours tant que l'intéressé n'a pas établi devant le juge de première instance qu'il est célibataire, veuf ou divorcé; la preuve est considérée comme faite, à cet égard, lorsque trois témoins au moins, majeurs de vingt et un ans, sont venus attester que l'intéressé est libre de tout engagement matrimonial, en appuyant leurs déclarations de raisons sérieuses et suffisantes (Code civil, art. 122).

Un point intéressant à noter est l'obligation pour les Sociétés civiles ou commerciales, qui ont l'intention de se livrer à une entreprise quelconque dans le pays, d'y fixer leur siège et leur domicile (Loi du 16 avr. 1903, art. 15).

Les étrangers ont, comme les Vénézuéliens, le droit de se faire indemniser par la Nation des pertes qu'ils ont subies et des dommages qu'ils ont éprouvés, en temps de guerre, par le fait des autorités civiles ou militaires légalement constituées et agissant en vertu de leur mandat officiel (*Ibid.*, art. 16). Mais, le législateur,

(1) Voir, quant à la protection de la propriété intellectuelle, la loi du 17 mai 1894 (Lyon-Caen et P. Delalain, *Lois françaises et étrangères sur la propriété littéraire et artistique*, Supplément, 1890-1896, p. 121).

prudent, a pris soin de spécifier que la Confédération ou les États ne seraient jamais responsables du préjudice causé par des agents ou groupes armés au service de partis révolutionnaires; les particuliers lésés n'ont, en pareil cas, qu'une action personnelle contre l'auteur ou les auteurs du dommage (Constitution, art. 15; Loi du 16 avr. 1903, art. 17). A l'égard des demandes d'indemnité qu'il est permis d'introduire contre la Nation, il est bon de remarquer que la juridiction compétente pour les examiner est la Cour fédérale et de cassation, conformément au décret du 14 févr. 1873 (Loi du 16 avr. 1903, art. 16). Le ou les fonctionnaires auxquels sont imputables les actes dommageables doivent être mis en cause en même temps que le représentant du Gouvernement (Décret de 1873, art. 3). Afin de couper court aux réclamations mal fondées ou exagérées, des dispositions draconiennes menacent ceux qui grossissent manifestement le montant des dommages qu'ils ont soufferts ou qui prétendent faussement en avoir éprouvé; ces dispositions ne tendent à rien moins qu'à faire perdre aux intéressés, dans le premier cas, tous leurs droits contre la Nation et à les rendre passibles d'une amende de cinq cents à trois mille bolivars, et, dans le second, à les exposer à une amende de mille à cinq mille bolivars et à un emprisonnement de six à vingt-quatre mois (*Ibid.*, art. 8). Ajoutons que l'action des particuliers lésés se prescrit par deux ans (*Ibid.*, art. 10).

La loi interdit, en principe, aux étrangers, qu'ils soient domiciliés ou simplement de passage, de faire appel à l'intervention diplomatique pour obtenir satisfaction de leurs griefs; toutefois, on excepte le cas où, tous les recours qui leur sont ouverts devant les autorités compétentes étant épuisés, il apparaît avec évidence qu'ils ont été victimes d'un déni de justice, qu'une injustice flagrante a été commise à leur égard ou que les principes du droit international ont été violés, en ce qui les concerne (Loi du 16 avr. 1903, art. 11). Il est clair, du reste, que cette interdiction ne saurait empêcher les Gouvernements étrangers de protéger leurs nationaux, si bon leur semble, par l'entremise de leurs représentants. Tout au plus pourrait-on soutenir que les étrangers domiciliés, auxquels on a fait prendre l'engagement de se soumettre aux dispositions de la loi du 16 avr. 1903 (Voir plus haut, page 5), doivent s'abstenir, en dehors des circonstances exceptionnelles qui viennent d'être énumérées, de solliciter l'appui de l'agent de leur Gouvernement.

Les immigrants jouissent de faveurs spéciales. Le Gouvernement paie leurs frais de voyage depuis le port d'embarquement jusqu'au lieu d'arrivée; quelquefois, il paie également les frais de voyage depuis le lieu de leur résidence dans leur pays d'origine jusqu'au port d'embarquement. Il prend également à sa charge les frais de débarquement et ceux de logement, de nourriture et d'entretien, pendant trente jours à compter de l'arrivée. Les immigrants ne paient aucun droit d'importation, pour les vêtements à leur usage, leurs outils, leurs animaux domestiques et leurs instruments de travail. Le passeport dont ils ont besoin d'être munis leur est délivré gratuitement. Enfin, ceux d'entre eux qui ont passé des traités à l'effet de fonder des colonies sous l'administration directe du Gouvernement sont transportés, aux frais de celui-ci, jusqu'au lieu où ils doivent s'établir (Loi du 26 août 1894, art. 11).

En dehors de ces avantages, le Pouvoir exécutif fédéral concède à chaque immigrant âgé de plus de dix ans (sauf à ceux qui ont souscrit des engagements pour la colonisation de terrains dans l'intérêt de particuliers, ou qui ont traité avec le Gouvernement en vue de coloniser des terres achetées à des particuliers) des lots de terre, détachés des terrains inoccupés (*terrenos baldíos*), d'une contenance minima de deux hectares et maxima de six, à la condition qu'ils s'engagent à mettre en culture le tiers au moins de la concession dans un délai de quatre années. Cette condition remplie, le concessionnaire acquiert la propriété définitive du lot qui lui a été attribué (*Ibid.*, art. 12).

IV. Obligations des étrangers. — Les étrangers domiciliés sont soumis aux mêmes obligations que les Vénézuéliens, aussi bien en ce qui concerne leur personne qu'en ce qui concerne leurs biens. Toutefois, ils ne sont pas assujettis au service militaire, et ils sont dispensés du paiement des contributions forcées et extraordinaires de guerre, qui peuvent être levées en cas de révolution ou de luttes intestines à main armée (Loi du 16 avr. 1903, art. 5).

Il est interdit aux étrangers domiciliés ou de passage de s'immiscer en quoi que ce soit dans les affaires politiques du pays. Il leur est défendu, notamment : 1° de s'affilier à des associations politiques; 2° de prêter leur collaboration à des périodiques politiques ou de publier dans des périodiques des articles relatifs à la politique intérieure ou extérieure du pays; 3° de remplir des fonctions ou des emplois publics sans l'autorisation du Pouvoir exécutif fédéral; 4° de prendre les armes, dans les conflits intérieurs de la République; 5° de prononcer des discours touchant plus ou moins directement à la politique nationale (*Ibid.*, art. 6; Constitution, art. 80-21°). La sanction de cette prohibition réside dans la faculté pour le Gouvernement d'expulser immédiatement du territoire de la République les étrangers de passage qui négligent de remplir les devoirs qui leur sont imposés, et, pour les étrangers domiciliés, dans la perte de leur qualité d'étranger et dans l'assimilation aux nationaux, quant aux responsabilités, aux charges et aux obligations que peuvent entraîner les risques de la politique (Loi du 16 avr. 1903, art. 9 et 7). Quant aux étrangers qui acceptent des fonctions publiques sans y avoir été autorisés par le Gouvernement fédéral conformément à l'article 80-21° de la Constitution, les actes qu'ils font sont frappés de nullité, et eux-mêmes sont solidairement responsables, avec les fonctionnaires qui les ont nommés, des conséquences de leur nomination irrégulière (*Ibid.*, art. 8).

Outre les obligations générales imposées à tous les étrangers sans distinction, les immigrants en ont de particulières, qui consistent dans le respect des engagements spéciaux qu'ils ont pris, en souscrivant leurs contrats, notamment au point de vue de l'occupation et de la mise en culture des terrains dont ils ont obtenu la concession (Loi du 26 août 1894, art. 15).

V. Acquisition de la nationalité vénézuélienne. — On acquiert la nationalité vénézuélienne par la naturalisation, par le mariage et, exceptionnellement, en vertu d'une simple déclaration ou d'une loi spéciale (Constitution, art. 8).

Les formalités à remplir pour se faire naturaliser sont des plus simples. Aucune condition de séjour n'est exigée. Il suffit, pour qu'un étranger puisse obtenir des lettres de naturalisation (*carta de nacionalidad*), qu'il réside dans le pays. Le postulant adresse sa requête au Président de la République, directement, s'il habite le district ou un territoire fédéral, directement ou par l'entremise du président de l'État, s'il est fixé dans un État. Le mémoire qu'il présente à cet effet doit contenir le vœu qu'il exprime de devenir Vénézuélien, la promesse de respecter la Constitution et les lois de l'Union, et l'indication de sa nationalité, de son état civil, de sa profession et des motifs de sa détermination. Les lettres de naturalisation sont délivrées par le Pouvoir exécutif fédéral (Constitution, art. 80-20°), sur le vu de la requête; elles sont, ensuite, transcrites sur un registre spécial, tenu au Ministère des relations extérieures, et publiées par la voie de la presse(1).

Les étrangers naturalisés jouissent de tous les droits politiques attribués aux Vénézuéliens de naissance. Toutefois, par suite d'un sentiment de défiance envers des nationaux dont l'attachement pour la nouvelle patrie peut n'être pas très profond, on leur refuse l'éligibilité aux fonctions de Président de la République (Constitution, art. 73), de député (*Ibid.*, art. 32), de sénateur (*Ibid.*, art. 36), de membre de la Cour fédérale et de cassation (*Ibid.*, art. 91) et de Procureur général de la Nation (*Ibid.*, art. 100); ils ne peuvent pas non plus être choisis comme ministres (*Ibid.*, art. 82). Les constitutions particulières des différents États déclarent, comme la Constitution fédérale, les étrangers naturalisés incapables d'être appelés aux fonctions politiques, judiciaires ou municipales (2).

On a prétendu que le fait par un étranger de se fixer au Vénézuéla entraînait avec lui l'acquisition forcée de la nationalité vénézuélienne(3). Il est douteux qu'il en ait jamais été ainsi. Toujours est-il qu'actuellement, l'étranger qui s'établit dans le pays

(1) Voici le texte de la loi du 13 juin 1865, encore en vigueur, sur la naturalisation des étrangers :

Article premier. — Peuvent obtenir des lettres de naturalisation, tous les étrangers qui le demandent, à la condition de résider dans le pays.

Art. 2. — L'étranger qui désire obtenir des lettres de naturalisation s'adresse au Pouvoir exécutif national, directement ou par l'intermédiaire du Président de l'État où il réside, au moyen d'un mémoire, dans lequel il exprime son désir d'être naturalisé, et il indique sa nation d'origine, son état civil et sa profession, en promettant fidélité à la Constitution et aux lois de l'Union, ainsi que les autres circonstances qu'il a à faire valoir.

Art. 3. — Le Pouvoir exécutif national, sur le vu de la requête, expédiera les lettres de naturalisation.

Art. 4. — Les lettres de naturalisation expédiées seront transcrites sur le registre du Ministère des relations extérieures à ce destiné, et publiées par la voie de la presse.

Art. 5. — Les individus naturalisés antérieurement, en vertu des lois de la Colombie et du Vénézuéla continueront à jouir de leurs droits, conformément à celles-ci, sans avoir besoin de nouvelles lettres de naturalisation.

Art. 6. — La loi du 27 mai 1844 sur la matière est abrogée.

(2) Voir, notamment, la Constitution de l'État de Mérida, du 10 août 1904, art. 25, 51, 78 et 98.

(3) V. Robinet de Cléry, *De la nationalité imposée par un gouvernement étranger* (*Journal du droit international privé*, 2e année, 1875, p. 180).

ne perd pas sa nationalité d'origine, à moins qu'il ne sollicite et n'obtienne sa naturalisation. A cet égard, les immigrants eux-mêmes ne font pas exception à la règle générale. Ce qui le prouve, c'est que l'article 14 de la loi sur l'immigration prévoit le cas où des immigrants se sont fait naturaliser (d'où l'on peut induire qu'ils ne le sont pas de droit), pour déclarer que, même dans cette hypothèse, ils jouissent du privilège d'être dispensés de tout service militaire.

La femme étrangère qui épouse un Vénézuélien acquiert la nationalité de son mari et la conserve, tant que subsiste le lien conjugal. Après la dissolution du mariage, elle reprend sa nationalité d'origine, à moins que, dans l'année qui suit cette dissolution, elle ne manifeste la volonté de rester Vénézuélienne devant le conservateur principal des registres publics (*Registrador principal*) de la circonscription dans laquelle elle entend établir son domicile; le conservateur dresse procès-verbal de la déclaration et transmet celle-ci en copie au Pouvoir exécutif fédéral, afin qu'il la fasse publier dans la *Gazette officielle* (Constitution, art. 8, *b*-4° et 9; Code civil, art. 18).

A l'inverse, la Vénézuélienne qui épouse un étranger perd sa nationalité d'origine, toutes les fois que, d'après la loi du pays de son mari, elle acquiert la nationalité de celui-ci : mais, à la dissolution du mariage, elle redevient citoyenne du Vénézuéla (Code civil, art. 19).

Enfin, des facilités particulières sont accordées, au point de vue de la naturalisation, aux personnes nées dans une des Républiques hispano-américaines; ces personnes n'ont, pour acquérir la nationalité vénézuélienne, qu'à fixer leur domicile sur le territoire du Vénézuéla, en manifestant la volonté d'adopter cette nationalité (Constitution, art. 8, *b*-1°).

VI. Condition des Français. — La situation des Français, au point de vue juridique, est fixée par des conventions intervenues entre le Gouvernement français et celui du Vénézuéla.

A la suite de différends restés sans solution satisfaisante pour la France, les relations officielles entre les deux États avaient été supprimées. Elles ont été rétablies par une convention du 26 nov. 1885(1), et une seconde convention, conclue le 19 févr.

(1) Promulguée par décret du 28 mars 1886 (*Journal officiel*, 30 mars 1886).

1902[1], a assuré réciproquement aux deux pays le traitement de la nation la plus favorisée, en ce qui touche l'établissement des nationaux, le commerce et la navigation, c'est-à-dire tout ce qui concerne l'importation, l'exportation et le transit des marchandises, les droits de douane, les opérations commerciales, l'exercice du commerce et des industries, et le paiement des taxes qui s'y rapportent[2].

Il résulte du texte et de l'esprit de ces arrangements que les dispositions des traités antérieurs continuent à subsister [3]. En conséquence, les Français sont autorisés à pénétrer librement sur le territoire du Vénézuéla, à y voyager, à y séjourner et à s'y établir. Ils jouissent, dans l'intérieur de la République, de la plus entière liberté de conscience et peuvent y exercer leur culte sans autres restrictions que celles imposées par les lois du pays. Ils ont le droit d'acquérir et de posséder des biens meubles ou immeubles, de disposer des biens qu'ils possèdent par vente, échange, donation ou testament, de recueillir des successions et de transmettre leur patrimoine *ab intestat* à leurs héritiers légaux. Ils ont également le droit de pratiquer toute espèce de commerce et d'exercer toute espèce d'industrie.

Au point de vue des droits de propriété industrielle, ils sont protégés par la déclaration du 3 mai 1879[4], qui les a placés sur le même pied que les Vénézuéliens, quant à la garantie à laquelle ils ont droit pour leurs marques de fabrique et de commerce, et pour leurs dessins et modèles industriels. Toutefois, la protection stipulée en leur faveur ne leur est acquise qu'autant qu'ils ont rempli les formalités prévues par la législation vénézuélienne [5].

L'accès des tribunaux leur est assuré dans les mêmes conditions qu'aux sujets de l'Union. Ils sont admis à faire valoir leurs

(1) La convention de commerce et de navigation du 19 février 1902 a été approuvée, en France, par une loi du 4 juillet 1903 (*J. off.*, 30 juill. 1903).

(2) V. *Archives diplomatiques*, 43e année, nos 7-8, juillet-août 1903, p. 28.

(3) Traité d'amitié, de commerce et de navigation du 25 mars 1843 (V. A. Carpentier, *Codes et lois pour la France; Traités et tables des matières*, p. 169); Convention consulaire du 24 oct. 1856 (*Ibid.*, p. 170); Convention d'extradition du 23 mars 1853 (*Ibid.*, p. 171).

(4) V. *Recueil des Traités*, etc., *en matière de propriété industrielle* (Berne, 1904), p. 206.

(5) Loi du 24 mai 1877, sur les marques de fabrique et de commerce (le texte de cette loi a été publié, de nouveau, dans la *Gaceta oficial* du 25 juin 1903).

droits en justice sans pouvoir être astreints à la constitution d'une caution ou au dépôt d'une somme d'argent. Les agents diplomatiques et les consuls français sont autorisés à demander officieusement des informations et des renseignements relativement aux instances civiles ou criminelles dans lesquelles quelqu'un de leurs nationaux est intéressé ; ces informations et renseignements portent sur la marche de l'affaire, l'état de la procédure et la solution intervenue ; ils sont fournis à la légation par le ministère des relations extérieures, et aux consuls et agents consulaires, par les autorités locales (Décision du Président de la République du 22 mars 1898)(1). Cette faculté n'implique pas, du moins en principe, pour les représentants diplomatiques, le droit de s'immiscer dans l'administration de la justice : il a été convenu, en effet, entre la France et le Vénézuéla, que les agents des Hautes Parties contractantes n'interviendraient pas au sujet des réclamations ou plaintes de leurs nationaux concernant des affaires qui, d'après les lois locales, sont du ressort des tribunaux civils ou criminels, à moins qu'on ne relevât un déni de justice ou un retard dans l'expédition de l'affaire, contraire à l'usage ou à la loi, ou que l'on ne constatât, après l'épuisement des moyens légaux, une violation manifeste des traités ou des règles du droit international (Convention du 26 nov. 1885, art. 5).

Les consuls français ont qualité pour recevoir, dans leur chancellerie ou à bord des navires sous pavillon tricolore, les déclarations émanant de sujets de leur pays, ainsi que les testaments et actes authentiques que ceux-ci tiennent à passer auprès d'eux (Convention consulaire, art. 6). Ils ont également qualité pour recevoir dans leur chancellerie les actes conventionnels conclus entre plusieurs Français ou entre des Français et des Vénézuéliens, ou même exclusivement entre des Vénézuéliens, pourvu que ces actes aient rapport à des biens situés ou à des affaires à traiter en France (*Ibid.*, art. 47). Ils peuvent, au décès de leurs nationaux, apposer les scellés, dresser l'inventaire des biens de la succession, en présence de l'autorité locale compétente, si elle juge à propos d'assister à l'opération, faire procéder, suivant l'usage du pays, à la vente des effets mobiliers dépendant de l'hérédité, administrer et liquider ou faire administrer ou liquider la succession (*Ibid.*, art. 8). Le règlement contentieux des

(1) *Archives diplomatiques*, 41e et 42e années, n° 3, mars 1901-1902, p. 264.

avaries éprouvées, en mer, par des navires français se rendant au Vénézuéla rentre aussi dans la compétence des consuls, à moins que des stipulations contraires ne soient intervenues entre les armateurs, chargeurs et assureurs, ou que des Vénézuéliens ne soient intéressés dans lesdites avaries (*Ibid.*, art. 11).

Le Gouvernement français peut, en vertu de la convention d'extradition du 23 mars 1853, se faire livrer par le Gouvernement vénézuélien, à titre de réciprocité, les individus de toute nationalité (sauf ceux de nationalité vénézuélienne), poursuivis ou condamnés en France, à raison de certains crimes déterminés (1). Il doit, pour justifier la demande d'extradition, produire à l'appui, soit le mandat d'arrêt décerné contre l'inculpé, soit l'ordonnance de renvoi devant la chambre des mises en accusation ou l'arrêt de condamnation (Convention, art. 3). Si l'individu réclamé n'est pas Français, le Gouvernement du Vénézuéla n'est tenu de le livrer qu'après avoir consulté le Gouvernement du pays auquel il appartient, ou son représentant, et l'avoir mis en demeure de faire connaître les motifs qu'il pourrait avoir de s'opposer à l'extradition (*Ibid.*, art. 5). Celle-ci n'est jamais accordée, lorsque l'action ou la peine est prescrite, d'après la loi vénézuélienne (*Ibid.*, art. 7).

VII. — En résumé, le législateur vénézuélien a réglé aussi complètement que possible l'état et la condition des étrangers.

(1) Les crimes donnant lieu à extradition sont les suivants : 1° assassinat, empoisonnement, parricide, infanticide, meurtre; 2° castration, viol, attentat à la pudeur tenté ou consommé avec violence; 3° incendie; 4° vol, lorsqu'il a été commis avec des circonstances qui lui impriment le caractère de crime, d'après la législation des deux pays; 5° faux en écriture publique ou authentique; 6° faux en écriture privée ou de commerce, quand le fait est puni de peines afflictives ou infamantes, suivant les lois des deux pays; 7° fabrication, émission de fausse monnaie; 8° fabrication, émission de faux papier-monnaie, altération du papier-monnaie; 9° soustraction de fonds, effets ou documents, de quelque espèce qu'ils soient, appartenant à l'État, commise par des employés ou dépositaires publics, ou par des particuliers, lorsque cette soustraction est punie par les lois des deux pays de peines afflictives ou infamantes; 10° banqueroute frauduleuse au préjudice du trésor public ou des particuliers; 11° faux témoignages, subornation de témoin (Convention, art. 2).

Les crimes susceptibles de motiver une demande d'extradition ayant été nommément spécifiés et étant tous des crimes de droit commun, il pouvait paraître superflu de déclarer que les crimes et délits politiques étaient exclus de la convention. Les Hautes Parties contractantes ont cru cependant devoir préciser leurs intentions à cet égard (Convention, art. 10).

On lui reprochera peut-être d'avoir fait preuve de sentiments peu hospitaliers et d'entourer de formalités gênantes l'établissement dans le pays. Mais, il ne faut pas perdre de vue que le Vénézuéla, comme d'autres Républiques de l'Amérique espagnole, est le point de mire de nombreux intrigants, aussi dépourvus de scrupules que de ressources, contre lesquels on ne saurait lui reprocher de prendre trop de précautions. Les mesures dont on critique le caractère anti-libéral, ne sont, en réalité, que des armes mises à la disposition du Gouvernement pour lui permettre d'écarter les étrangers de moralité douteuse, qui ne sauraient être qu'une charge et un embarras pour la République ; elles ne sont pas appliquées, en fait, ou ne sont appliquées qu'avec ménagement aux personnes recommandables et dont l'honorabilité est certaine(1).

(1) Nous tenons à exprimer ici notre vive gratitude à M. Henri Maubourguet, chargé d'affaires du Vénézuéla à Paris, pour l'obligeance extrême dont il a fait preuve en nous communiquant les documents qui nous ont servi pour la rédaction de la présente notice.

BAR-LE-DUC. — IMPRIMERIE CONTANT-LAGUERRE.

PUBLICATIONS DU MÊME AUTEUR

Notice sur le règlement du Reichstag allemand et sur les règlements du Reichsrath autrichien. — Broch. gr. in-8° (1876). A la librairie générale de Droit et de Jurisprudence.. 2 fr.

Des garanties accordées à l'inculpé par le Code d'instruction criminelle allemand. — Broch. gr. in-8° (1879). A la même librairie.............. 2 »

Code de procédure pénale allemand (1er février 1877), traduit et annoté. — 1 volume gr. in-8° (Imprimerie nationale, 1884). A la même librairie.. 12 »

Congrès international de droit commercial d'Anvers. Rapport présenté à la Société de législation comparée. — Broch. gr. in-8° (1886). A la même librairie.. 2 50

Loi du Grand-Duché de Luxembourg sur la chasse (19 mai 1885), annotée. Broch. gr. in-8° (1887). A la même librairie........................... 2 »

Étude sur la représentation proportionnelle en Espagne. — Broch. gr. in-8° (1887). Même librairie.. 2 »

Loi du Grand-Duché de Bade sur la chasse (29 avril 1886), traduite et annotée. — Broch. gr. in-8° (1888). Même librairie..................... 2 »

Note sur le rejet de la loi relative à l'assurance obligatoire contre les maladies dans le canton de Bâle-Ville. — Broch. gr. in-8° (1890). A la même librairie.. 2 »

Loi de Croatie-Slavonie sur la chasse (27 avril 1893), traduite. — Broch. gr. in-8° (1895). A la même librairie.................................... 2 »

La nouvelle prison de Monaco. — Broch. gr. in-8° (1900). A la même librairie.. 2 »

Loi espagnole du 16 mai 1902 sur la chasse, traduite et annotée. — Broch. gr. in-8° (1904). A la même librairie.................................... 2 »

La République de Saint-Marin, ses institutions et ses lois. — 1 vol. in-18 1904. L. Larose.. 2 50

En collaboration avec M. S. Mayer :

L'accession du Japon au droit des gens européen, par le baron A. de Siebold. Traduction française, avec une préface et des notes. — Broch. gr. in 8° (1900). A la librairie générale de Droit et de Jurisprudence........ 2 50

BAR-LE-DUC. — IMPRIMERIE CONTANT-LAGUERRE.

www.ingramcontent.com/pod-product-compliance
Lightning Source LLC
LaVergne TN
LVHW020509230826
846091LV00008BA/3427

9782019238339